Guia de Estudio Para la Ciudadania Americana

100 Preguntas y Respuestas
Espanol y Ingles

2020

Guia de Estudio Para la Ciudadania Americana

100 Preguntas y Respuestas
Espanol y Ingles

2020

•Yonah Publishing•

Guia de Estudio Para la Ciudadania Americana:
100 Preguntas y Respuestas

2020

By Jeffrey B. Harris

Copyright © March 2020
Alpharetta, Georgia

Todos los derechos reservados. Ninguna parte de este libro puede reproducirse o transmitirse de ninguna forma por ningún medio, electrónico o mecánico, incluidas fotocopias y grabaciones, ni por ningún sistema de almacenamiento y recuperación de información, excepto que esté expresamente permitido por la Ley de Copyright de 1976 o por escrito desde el editor.

Introduction

In order to become a citizen of the united states, there are four tests that you must pass:

1. Speaking Test

2. Reading Test

3. Writing Test

4. Civics Test

Guess which one this book pertains to? Yes, civics. There are <u>100</u> potential questions that will be asked on the civics portion of the naturalization test. Usually, only <u>10</u> questions are asked, and you must answer <u>6</u> correctly. This book is set up to act as a study guide. The first half contains the questions and the second half contains the answers. you should write down the answer in the space provided once you truly know it. Good luck!

Introducción

Con el fin de convertirse en un ciudadano de los Estados Unidos , hay cuatro pruebas que debe pasar :

1. Hablando de Prueba

2. Lectura de Prueba

3. Prueba de Escritura

4. Prueba de Civismo

Supongo que se refiere a este libro? Sí, civismo. Hay 100 preguntas posibles que se le realizarán en la porción cívica del examen de naturalización. Por lo general, se les pide sólo 10 preguntas, y hay que responder correctamente 6. Este libro está configurado para actuar como una guía de estudio. La primera mitad contiene las preguntas y la segunda parte contiene las respuestas. Usted debe escribir la respuesta en el espacio correspondiente una vez que realmente lo sepa. Buena suerte!

Part One

Questions

Primera Parte

Preguntas

1

What is considered the supreme law of the land?

¿Cuál es la ley suprema de la nación?

2

What is the function of the Constitution?

¿Cuál es la función de la Constitución?

3

What are the first three words of the constitution, that represent the idea of self-government?

Cuáles son las tres primeras palabras de la Constitución, que representan la idea de la autonomía?

4

What's an amendment?

¿Qué es una enmienda?

5

What are the first ten amendments to the Constitution called?

¿Cuáles son las primeras diez enmiendas a la Constitución?

6

What is one freedom from the First Amendment?

¿Cuál es una libertad que la Primera Enmienda?

7

How many amendments are in the Constitution?

¿Cuántas enmiendas se encuentran en la Constitución?

8

What did the Declaration of Independence do?

¿Que hizó la declaración de Independencia?

9

What are three rights in the Declaration of Independence?

¿Cuáles son tres derechos en la Declaración de la Independencia?

10

What is freedom of religion?

¿Que es libertad de religión?

11

What is the economic system in the United States?

¿Cuál es el sistema económico de los Estados Unidos?

12

What is the "rule of law"?

¿Cuál es "la regla de ley" o "estado de derecho"?

13

Name a branch of the u.s. government.

Nombre una rama de los estados unidos gobierno.

14

What stops a branch of government from becoming too powerful?

¿Qué detiene a una rama del gobierno no se vuelva demasiado poderosa?

15

Who runs the executive branch?

¿Quién esta a cargo de la rama ejecutiva?

16

Who makes federal laws?

¿Quién crea las leyes federales?

17

What are the two parts of the U.S. Congress?

¿Cuáles son las dos partes del Congreso de los estados unidos?

18

How many U.S. Senators are there?

¿Cuántos senadores de los estados unidos hay?

19

A U.S. Senator is elected for how many years?

¿De cuantos anos es el termino de eleccion de un senador de los estados unidos?

20*

Who is one of your state's U.S. Senators now?

¿Quien es uno de los senadores de Estados Unidos de su estado?

21

How many voting members are in the House of Representatives?

¿Cuántos miembros votantes tiene la Cámara de Representantes?

22

A U.S. Representative is elected for how many years?

Un representante de estados unidos es elegido por cuántos años?

23 *

Name a U.S. Representative from your state.

Nombre un Representante de Estados unidos de su estado.

___

24

Who does a U.S. Senator represent?

¿A quiénes representa un Senador de los estados unidos?

___

25

Why do some states have more Representatives than other states?

¿Por qué tienen algunos estados más representantes que otros ?

___

26

A President is elected for how many years?

De cuantos años es el termino de eleccion de un Presidente?

___

27

What month do we vote for President?

¿En que mes votamos por el Presidente?

___

28

Who is the President of the United States now?

¿Quién es el Presidente de los Estados Unidos?

29

Who is the Vice President of the United States now?

¿Quién es el vicepresidente de los Estados Unidos?

30

If the President can no longer serve, who becomes President?

Si el Presidente ya no puede servir, quien se vuelve Presidente?

31

Who will become president If both the President and the Vice President can no longer serve?

¿Quién será el presidente Si tanto el Presidente como el Vicepresidente ya no pueden cumplir?

32

Who is the Commander in Chief of the military?

¿Quién es el comandante en jefe de las fuerzas armadas?

33

Who signs bills to become laws?

¿Quién firma los proyectos para convertirlos en ley?

34

Who vetoes bills?

¿Quién veta los proyectos de ley?

35

What does the President's Cabinet do?

¿que hace el Gabinete del Presidente?

36

What are two Cabinet-level positions?

¿Cuáles son dos puestos a nivel de gabinete?

37

What does the judicial branch do?

¿Qué hace la rama judicial?

38

What is the highest court in the United States?

¿Cuál es el tribunal más alto de los Estados Unidos?

39

How many justices are on the Supreme Court?

¿Cuántos jueces hay en la Corte Suprema?

40

Who is the Chief Justice of the United States now?

¿Quién es el Presidente del Tribunal Supremo de los Estados Unidos?

41

Under our Constitution, some powers belong to the federal government. What is one power of the federal government?

Según nuestra Constitución , algunos poderes pertenecen al gobierno federal . ¿cual es un poder del gobierno federal?

42

Under our Constitution, some powers belong to the states. What is one power of the states?

Según nuestra Constitución , algunos poderes pertenecen a los estados . ¿Qual es un poder de los estados?

43

Who is the Governor of your state now?

¿Quién es el gobernador actual de su estado?

44

What is the capital of your state?

¿Cuál es la capital de su estado?

45

What are the two major political parties in the United States?

¿Cuáles son los dos principales partidos políticos en los Estados Unidos?

46

What is the political party of the President now?

¿Cuál es el partido político del Presidente actual?

47

What is the name of the Speaker of the House of Representatives now?

¿Cuál es el nombre del Presidente de la Cámara de Representantes?

48

There are four amendments to the Constitution about who can vote. Describe one of them.

Hay cuatro enmiendas a la Constitución sobre quién puede votar. Describa una de ellas.

49

What is one responsibility that is only for United States citizens?

¿Cuál es una responsabilidad que corresponde sólo a los ciudadanos de los Estados Unidos?

50

Name one right only for United States citizens.

Nombre un derecho sólo para los ciudadanos de Estados Unidos.

51

What are two rights of everyone living in the United States?

¿Cuáles son dos derechos de todos los que viven en los Estados Unidos?

52

What do we show loyalty to when we say the Pledge of Allegiance?

¿A qué demostramos nuestra lealtad cuando decimos el juramento a la bandera?

53

What is <u>one</u> promise you make when you become a United States citizen?

¿Cuál es una promesa que usted hace cuando se convierte en ciudadano de los Estados Unidos?

54

How old do citizens have to be to vote for President?

¿Quantos anos tienen hay que tener los ciudadanos para votar por el Presidente?

55

What are two ways that Americans can participate in their democracy?

¿Cuáles son dos formas en que los americanos pueden participar en su democracia?

56

When is the last day you can send in federal income tax forms?

¿Cuando es el último día para enviar la declaración de impuestos federales?

57

When must all men register for the Selective Service?

¿Cuándo deben inscribirse todos los hombres en el Servicio Selectivo?

58

What is one reason colonists came to America?

¿Cuál es una razon por l que los colonos vinieron a América?

59

Who lived in America before the Europeans arrived?

¿Que vivían en América antes de la llegada de los europeos?

60

What group of people was taken to America and sold as slaves?

¿Qué grupo de personas fueron llevados a América y vendidos como esclavos?

61

Why did the colonists fight the British?

¿Por qué lucharon los colonos contra los británicos?

62

Who wrote the Declaration of Independence?

¿Quién escribió la Declaración de Independencia?

63

When was the Declaration of Independence adopted?

¿Cuando fue adoptada la Declaración de Independencia?

64

There were 13 original states. Name three.

Habia 13 estados originales. Nombre tres.

65

What happened at the Constitutional Convention?

¿Qué pasó en la Convención Constituyente?

66

When was the Constitution written?

Cuando se escribió la Constitución?

67

The Federalist Papers supported the passage of the U.S. Constitution. Name the writers.

El Federalista respaldaron la aprobación de la Constitución de estados unidos. Nombre a los escritores.

68

What is something Benjamin Franklin is famous for?

¿Qué es algo Benjamin Franklin es famoso?

69

Who is the "Father of Our Country"?

¿Quién es el "padre de nuestro país"?

70

Who was the first President?

¿Quién fue el primer Presidente?

71

What territory did the United States buy from France in 1803?

¿Qué territorio compró los Estados Unidos de Francia en 1803?

72

Name a war fought by the United States in the 1800s.

Nombre una guerra durante los anos 1800 en la que peleo los Estados Unidos.

73

Name the U.S. war between the North and the South.

De el Nombre la guerra entre el norte y el sur de los estados unidos

---

74
Name a problem that led to the Civil War.

Nombre un problema que condujo a la Guerra Civil.

75
What was an important thing that Abraham Lincoln did?

Lo que era una cosa importante que hizo Abraham Lincoln?

76
What did the Emancipation Proclamation do?

¿Qué hizo la Proclamación de Emancipación?

77
What did Susan B. Anthony do?

¿Qué hizo Susan B. Anthony?

78
Name a war fought by the United States in the 1900s.

Nombre una guerra durante las anos 1900 en la que peleo los Estados Unidos.

79

Who was President during World War I?

¿Quién era presidente durante la Primera Guerra Mundial?

80

Who was President during the Great Depression and World War II?

¿Quién era presidente durante la Gran Depresión y la Segunda Guerra Mundial?

81

Who did the United States fight in World War II?

¿Contra que paises peleo los Estados Unidos en la Segunda Guerra Mundial?

82

Before he was President, Eisenhower was a general. What war was he in?

Antes de ser presidente , Eisenhower era un general. ¿Lo que la guerra estaba?

83
During the Cold War, what was the main concern of the United States?

Durante la Guerra Fría, ¿cuál era la principal preocupación de los Estados Unidos?

84
What movement tried to end racial discrimination?

¿Qué movimiento trató de poner fin a la discriminación racial?

85
What did Martin Luther King, Jr. do?

¿Qué hizo Martin Luther King, Jr.?

86
What major event happened on September 11, 2001, in the United States?

¿Qué suceso de gran magnitud ocurrió el 11 de septiembre de 2001, en los Estados Unidos?

87

Name one American Indian tribe in the United States.

Nombre una tribu india americana en los Estados Unidos.

88

Name the two longest rivers in the United States.

Nombre los dos ríos más largos en los Estados Unidos.

89

What ocean is on the West Coast of the United States?

¿Qué océano está en la costa oeste de los Estados Unidos?

90

What ocean is on the East Coast of the United States?

¿Qué océano está en la costa este de los Estados Unidos?

91

Name a U.S. territory.

De el Nombre de un territorio estados unidos.

92
Name a state that borders Canada.

De el Nombre un estado que tiene frontera con Canadá.

93
Name a state that borders Mexico.

De el Nombre de un estado que limita con México.

94
What is the capital of the United States?

¿Cuál es la capital de los Estados Unidos?

95
Where is the Statue of Liberty?

¿Dónde está la estatua de la Libertad?

96
Why does the flag have 13 stripes?

¿Por qué hay 13 franjas en la bandera?

97
Why does the flag have 50 stars?

¿Por qué hay 50 estrellas la bandera?

98
What is the name of the national anthem?

¿Cuál es el nombre del himno nacional?

99
When do we celebrate Independence Day?

¿Cuándo celebramos el Día de la Independencia?

100
Name two national U.S. holidays.

Nombre dos días de fiesta nacional de Estados Unidos.

Part two

Answers

La Segunda Parte

Respuestas

1
The Constitution

La Constitución

2
Sets up the government
Defines the government
Protects basic rights of Americans

Establece el gobierno
Define el gobierno
Protege los derechos básicos de los americanos

3
We the People

Nosotros el pueblo

4
A change or addition to the Constitution

Un cambio o adición a la Constitución

5
The Bill of Rights

La carta de derechos

6
Speech
Religion
Assembly
Press
Petition the government

Expresion
Religión
Reunion
Prensa
Peticionar al gobierno

7
Twenty-seven

Veintisiete

8
Said that the United States is free from Great Britain

dijo que Estados Unidos está libre de Gran Bretaña

9
life
liberty
pursuit of happiness

vida
libertad
búsqueda de la felicidad

10
You can practice (or not practice) any religion.

Se puede practicar (o no ejercer) cualquier religion.

11

Capitalist or market economy

Economía capitalista o del mercado

12

Everyone (including the Government) must follow the law.

Todos deben obedecer la ley.

13

Legislative
Executive
Judicial

Legislativo
Ejecutivo
Judicial

14

Checks and balances
Separation of powers

Pesos y contrapesos
Separación de poderes

15

The President

El presidente

16
Congress
Senate and House of Representatives
U.S. legislature

Congreso
Senado y la Cámara de representantes
Legislador de los estados unidos

17
Senate and House of Representatives

Senado y la Cámara de representantes

18
One hundred

Cien

19
Six

Seis

20
Answers will vary.

Las respuestas pueden variar

21
Four hundred thirty-five

De cuatro centenar de de treinta - de cinco

22
Two

Dos

23
Answers will vary. See Appendix.

Las respuestas pueden variar.

24
All people of the state

Todas las personas del estado

25
Because of the state's population

Debido a la población del estado

26
Four

Cuatro

27
November

Noviembre

28*
Donald Trump

29*
Michael Pence

30
The Vice President

El Vicepresidente

31
The Speaker of the House

El Presidente de la Cámara

32
The President

El Presidente

33
The President

El Presidente

34
The President

El presidente

35
Advises the President

Asesora al Presidente

36

Secretary of Agriculture
Secretary of Commerce
Secretary of Defense
Secretary of Education
Secretary of Energy
Secretary of Health and Human Services
Secretary of Homeland Security
Secretary of Housing and Urban Development
Secretary of the Interior
Secretary of Labor
Secretary of State
Secretary of Transportation
Secretary of the Treasury
Secretary of Veterans Affairs
Attorney General
Vice President

Secretario de Agricultura
Secretario de Comercio
Secretario de Defensa
Secretario de Educación
Secretario de Energía
Secretario de Salud y Servicios Humanos
Secretario de Seguridad Nacional
Secretario de Vivienda y Desarrollo Urbano
Secretario del Interior
Secretario del Trabajo
Secretario de Estado
Secretario de Transporte
Secretario del Tesoro
Secretario de Asuntos de Veteranos
Procurador General
Vicepresidente

37
Reviews laws
Explains laws
Resolves disagreements
Decides if a law goes against the Constitution

Revisa las leyes
Explica las leyes
Resuelve desacuerdos
Decide si una ley va en contra de la Constitución

38
The Supreme Court

La corta Suprema de justicia

39
Nine

Nueve

40*
John Roberts (John G. Roberts, Jr.)

41
To print money
To declare war
To create an army
To make treaties

Para imprimir dinero
Para declarar la guerra
Para crear un ejército
Para suscribir tratados

42
Provide schooling and education
Provide protection (police)
Provide safety (fire departments)
Give a driver's license
Approve zoning and land use

Proveer escuelas y educación
Proveer protección (policía)
Proveer seguridad (cuerpos de bomberos)
Conceder licencia de conducir
Aprobar la zonificación y uso de la tierra

43*
Answers will vary.

Las respuestas pueden variar.

44*
Answers will vary.

Las respuestas pueden variar.

45
Democratic and Republican

Democráta y Republicano

46
Democratic

Democráta

47*
Nancy Pelosi

48
Citizens eighteen (18) and older can vote.
You don't have to pay a poll tax to vote.
Any citizen can vote.
A male citizen of any race can vote.

Ciudadanos de dieciocho (18) años en adelante pueden votar .
Usted no tiene que pagar un impuesto al voto.
Cualquier ciudadano puede votar .
Un hombre ciudadano de cualquier raza puede votar.

49
Serve on a jury
Vote in a federal election

Servir en un jurado
Votar en una elección federal

50
Vote in a federal election
Run for federal office

Votar en una elección federal
Postularse para un cargo federal

51
Freedom of expression
Freedom of speech
Freedom of assembly
Freedom to petition the government
Freedom of religion
The right to bear arms

Libertad de expresión
Libertad de la palabra
La libertad de reunión

Libertad para peticionar al gobierno
Libertad de religión
El derecho a portar armas

52
The United States
The flag

Los Estados Unidos
La bandera

53
Give up loyalty to other countries
Defend the Constitution and laws of the U.S
Obey the laws of the United States
Serve in the U.S. military
Serve the nation
Be loyal to the United States

Renunciar a la lealtad a otros países
Defender la Constitución y las leyes de la U.S.
Obedecer las leyes de los Estados Unidos
Servir en el ejército estados unidos
Servir a la nación
Ser leal a los Estados Unidos

54
Eighteen (18) and older

Dieciocho (18) años en adelante

55
Vote
Join a political party
Help with a campaign
Join a civic group

Join a community group
Give an elected official your opinion on an issue
Call Senators and Representatives
Publicly support or oppose an issue or policy
Run for office
Write to a newspaper

Votar
Unirse a un partido político
Ayudar en una campaña
Unirse a un grupo civil
Unirse a un grupo de la comunidad
A un oficial elegido su opinión sobre un tema
Llamar a los Senadores y Representantes
Apoyar públicamente u oponerse a un asunto o política
Postularse para un cargo
Escribir en un periódico

56
April 15

15 de abril

57
At age eighteen
Between eighteen and twenty-six

A los dieciocho años
Entre los dieciocho y veintiséis

58
Freedom
Political liberty
Religious freedom
Economic opportunity
Practice their religion

Escape persecution

Libertad
La libertad política
Libertad religiosa
Oportunidad económica
Practicar su religión
Escapar de la persecución

59
American Indians
Native Americans

Indios Americanos
Nativos Americanos

60
Africans
People from Africa

Los Africanos
Personas de África

61
Because of high taxes (taxation without representation)
Because the British army stayed in their houses (boarding, quartering)
Because they didn't have self-government
Debido a los impuestos altos(impuestos sin representación)
El ejército británico se quedó en sus casas (alojamiento, acuartelamiento)
debido a que no tienen autogobierno

62
(Thomas) Jefferson

63
July 4, 1776

4 de julio de, 1776

64
New Hampshire
Massachusetts
Rhode Island
Connecticut
New York
New Jersey
Pennsylvania
Delaware
Maryland
Virginia
North Carolina
South Carolina
Georgia

65
The Constitution was written.
The Founding Fathers wrote the Constitution.

Se redactó la Constitución.
Los Padres Fundadores redactaron la Constitución.

66
1787

67
James Madison
Alexander Hamilton
John Jay
Publius

68

U.S. diplomat
Oldest member of the Constitutional Convention
First Postmaster General of the United States
Writer of "Poor Richard's Almanac"
Started the first free libraries

Diplomático de estados unidos
Más antiguo miembro de la Convención Constituyente
Primer Director General de Correos de los Estados Unidos
Autor de "Almanaque del pobre Richard"
Comenzado las primeras bibliotecas gratuitas

69

George Washington

70

George Washington

71

The Louisiana Territory
Louisiana

El territorio de Louisiana
Luisiana

72

War of 1812
Mexican-American War
Civil War
Spanish-American War

Guerra de 1812

Guerra México-Americana
Guerra civil
Guerra hispano Americana

73
The Civil War
The War between the States

La guerra civil
La guerra entre los Estados

74
Slavery
Economic reasons
States' rights

Esclavitud
Razones económicas
Derechos de los estados

75
Freed the slaves
Preserved the Union
Led the United States during the Civil War

Liberaron a los esclavos
Preservado la Unión
Llevó a los Estados Unidos durante la Guerra Civil

76
Freed slaves in the Confederacy
Freed slaves in the Confederate states
Freed slaves in most Southern states

Esclavos liberados en la Confederación
Esclavos liberados en los estados de la Confederación
Esclavos liberados en la mayoría de los estados del sur

77
Fought for women's rights
Fought for civil rights

Luchado por los derechos de la mujer
Luchado por los derechos civiles

78
World War I
World War II
Korean War
Vietnam War
(Persian) Gulf War

Primera Guerra Mundial
Segunda Guerra Mundial
Guerra Coreana
Guerra de Vietnam
(Persa) Guerra del Golfo

79
Woodrow Wilson

80
Franklin Roosevelt

81
Japan, Germany, and Italy

Japón, Alemania e Italia

82
World War II

Segunda Guerra Mundial

83
Communism

Comunismo

84
Civil Rights (movement)

Movimiento de Derechos civiles

85
Fought for civil rights
Worked for equality for all Americans

Luchado por los derechos civiles
Trabajó por la igualdad para todos los estadounidenses

86
Terrorists attacked the United States.

Los terroristas atacaron los Estados Unidos.

87
Cherokee
Navajo
Sioux
Chippewa
Choctaw
Pueblo
Apache
Iroquois

Creek
Blackfeet
Seminole
Cheyenne
Arawak
Shawnee
Mohegan
Huron
Oneida
Lakota
Crow
Teton
Hopi
Inuit

88
Missouri (River)
Mississippi (River)

Rio Missouri
Río Mississippi

89
Pacific (Ocean)

Océano Pacífico

90
Atlantic (Ocean)

Océano Atlántico

91
Puerto Rico
U.S. Virgin Islands
American Samoa
Northern Mariana Islands
Guam

Puerto Rico
Islas Vírgenes de EE.UU
Samoa Americana
Islas Marianas del Norte
Guam

92
Maine
New Hampshire
Vermont
New York
Pennsylvania
Ohio
Michigan
Minnesota
North Dakota
Montana
Idaho
Washington
Alaska

93
California
Arizona
New Mexico
Texas

94
Washington, D.C.

95
New York (Harbor)

Liberty Island

96
Because there were 13 original colonies
Because the stripes represent the original colonies

Porque había 13 colonias originales
Porque las franjas representan las colonias originales

97
Because there is one star for each state
Because each star represents a state
Because there are 50 states

Porque hay una estrella por cada estado
Porque cada estrella representa un estado
Porque hay 50 estados

98
The Star-Spangled Banner

99
July 4

4 de Julio

100
New Year's Day
Martin Luther King, Jr. Day
Presidents' Day
Memorial Day
Independence Day
Labor Day
Columbus Day

Veterans Day
Thanksgiving
Christmas

Día de Año Nuevo
Día de Martin Luther King, Jr.
Día de los Presidentes
Día de la recordacion
Día de la Independencia
Día del trabajo
Día de la Raza
Día de los Veteranos
Acción de gracias
Navidad

Appendix o Apéndice

* = Subject to Change

20. List of U.S. Senators- subject to change

Lista de senadores de Estados Unidos- sujeto a cambios

http://www.senate.gov/senators/contact/

23. List of U.S. Representatives- subject to change

Lista de representantes de estados unidos- sujeto a cambios

http://www.house.gov/representatives/

43. List of State governors- subject to change

Lista de los gobernadores de los estados- sujeto a cambios

http://www.nga.org/cms/governors/bios

Subject to Change

44. List of State Capitals

Lista de capitales de los estados

Alabama - Montgomery
Alaska - Juneau
Arizona - Phoenix
Arkansas - Little Rock
California - Sacramento
Colorado - Denver
Connecticut - Hartford
Delaware - Dover

Florida - Tallahassee
Georgia - Atlanta
Hawaii - Honolulu
Idaho - Boise
Illinois - Springfield
Indiana - Indianapolis
Iowa - Des Moines
Kansas - Topeka
Kentucky - Frankfort
Louisiana - Baton Rouge
Maine - Augusta
Maryland - Annapolis
Massachusetts - Boston
Michigan - Lansing
Minnesota - St. Paul
Mississippi - Jackson
Missouri - Jefferson City
Montana - Helena
Nebraska - Lincoln
Nevada - Carson City
New Hampshire - Concord
New Jersey - Trenton
New Mexico - Santa Fe
New York - Albany
North Carolina - Raleigh
North Dakota - Bismarck
Ohio - Columbus
Oklahoma - Oklahoma City
Oregon - Salem
Pennsylvania - Harrisburg
Rhode Island - Providence
South Carolina - Columbia
South Dakota - Pierre
Tennessee - Nashville
Texas - Austin
Utah - Salt Lake City
Vermont - Montpelier
Virginia - Richmond
Washington - Olympia
West Virginia - Charleston
Wisconsin - Madison
Wyoming - Cheyenne